LA GUERRA DE TROYA

En la raíz de un conflicto mítico

Por Benoît-J. Pédretti
En colaboración con Damien Glad
Traducido por Laura Soler Pinson

Historia en50MINUTOS.es

LA GUERRA DE TROYA

- **¿Cuándo?** A mediados del siglo XIII o a principios del siglo XII a. C.
- **¿Dónde?** En Grecia y en Asia Menor.
- **¿Contexto?** Con motivo de una embajada en Grecia, Paris, hijo del rey de Troya, secuestra a Helena, reina de Esparta. Las ciudades griegas deciden enviar entonces sus ejércitos a Troya, con el objetivo de rescatar a la joven. Según Homero, estalla una guerra que durará diez años.
- **¿Principales protagonistas?**
  - Helena, reina de Esparta.
  - Menelao, rey de Esparta, esposo de Helena y hermano de Agamenón.
  - Agamenón, rey de Micenas, hermano de Menelao.
  - Aquiles, rey de los mirmidones.
  - Patroclo, amigo y primo de Aquiles.
  - Ulises, rey de Ítaca.
  - Príamo, rey de Troya.
  - Héctor y Paris, príncipes de Troya.
- **¿Repercusiones?**
  - Después de un gran número de peripecias, la guerra de Troya acaba con la conquista y destrucción de la ciudad a cargo de los aqueos (nombre que se da a los griegos de la época). Los guerreros valientes, tanto aqueos como troyanos, han muerto uno tras otro durante el combate. Incluso Aquiles, que es un semidiós, perece tras recibir una flecha en el talón. Los que consiguen escapar se dispersan por el Mediterráneo para fundar ilustres ciudades. Entre ellos, destaca Eneas, cuyo

descendiente, Rómulo, erigirá la urbe de Roma.

La guerra de Troya, epopeya épica de la Antigua Grecia, se nutre de la lucha entre hombres y dioses. Afrodita promete a Paris el amor de la mujer más bella del mundo. El joven, valiéndose de su apoyo, secuestra a Helena, la más arrebatadora a sus ojos, y se refugia con ella en Troya. Menelao, que está decidido a recuperar a su esposa, pide ayuda a su hermano, Agamenón, que reina en Micenas, la más poderosa de las urbes griegas en aquel momento. Este último reúne en sus filas a los ejércitos de todas las ciudades y lanza contra Troya la mayor expedición militar jamás efectuada por los griegos. Esta armada impresionante desembarca en las playas de Troya. Los troyanos repelen los ataques en varias ocasiones, puesto que Héctor organiza una resistencia tenaz tras las altas murallas de la ciudad, famosas por su carácter inexpugnable. Al final, Ilión (el otro nombre que recibe Troya) termina siendo conquistada y saqueada con la ayuda decisiva de Aquiles y de los mirmidones, tras numerosos combates épicos y la famosa treta del caballo de Troya. Helena es llevada de vuelta a Esparta. Varios héroes, entre los que se encuentran Aquiles, Héctor y Paris, mueren durante la batalla, pero sus aventuras, como su leyenda, perdurarán en el tiempo.

CONTEXTO

LA BODA DE HELENA Y EL JURAMENTO DE TINDÁREO

Cuando Helena, la hija de Tindáreo, el rey de Esparta, alcanza la edad para casarse, su belleza legendaria atrae a muchos pretendientes. Todos los reyes y jefes de guerra aqueos quieren su mano. Tindáreo no desea enfadar a estos reyes poderosos, puesto que un gesto torpe por su parte podría reavivar las disensiones internas entre las ciudades. Ulises, rey de Ítaca, le revela entonces un medio para evitar el problema, aunque probablemente su objetivo es impresionar al padre para obtener a la hija. Siguiendo sus consejos, se sacrifica un caballo y se tira su piel al suelo. Entonces, se insta a todos los pretendientes de Helena a que se reúnan sobre ella. El gesto es simbólico: deben jurar que se unirán a una coalición única que luchará contra cualquiera que intente raptar a Helena de los brazos de su nuevo esposo en cualquier momento. Mediante este astuto juramento, se garantiza que ninguno vendrá a socavar la paz griega tras la boda de la joven.

Según algunas fuentes, la propia Helena elige a aquel a quien más aprecio tiene: Menelao. No obstante, es más probable que su padre lo designara personalmente, dado que Menelao era el pretendiente más rico. Le confía el trono y su hija a la vez.

LA MANZANA DE LA DISCORDIA

Los *Cantos ciprios*, epopeya cuyos acontecimientos se desarrollan antes que los de la *Ilíada*, nos cuentan que Eris, diosa de la discordia, desea vengarse por no haber sido invitada a las nupcias de Tetis y Peleo en el monte Olimpo. Para ello, decide dejar en mitad del banquete una manzana de oro que lleva la siguiente inscripción: «Para la más bella», sin precisar previamente para quién está destinada realmente. Todas las diosas la piden para sí, pero únicamente Hera, esposa de Zeus, Atenea, diosa de la guerra, y Afrodita, diosa del amor, compiten por el puesto. Para escoger a una, se requiere un juicio externo, y será el de un simple mortal. Las tres diosas son llevadas al monte Ida, cerca de Troya, donde se pide a un joven pastor que decida. A cambio de su elección, Hera le promete el poder sobre los mortales, Atenea, la victoria en el combate, y Afrodita, el amor de la mujer más bella del mundo. El pastor, que no es otro que Paris, ofrece la manzana de oro a Afrodita y así obtiene la protección de la diosa y el amor. Todo el mundo desconoce aún que se trata del hijo del rey de Troya. En cuanto a la mujer más bella del mundo, él considera que es Helena, la nueva esposa del rey de Esparta.

El juicio de Paris, cuadro de Rubens, 1632-1635.

EL SECUESTRO DE HELENA

En una guerra anterior, Telamón, el rey de Salamina, había secuestrado a Hesíone, la hermana de Príamo, el rey de Troya. Cuando se calman los ánimos entre Troya y Grecia, Príamo envía una embajada de paz a las ciudades griegas, liderada por sus dos hijos, Héctor, el mayor, y Paris, el benjamín. Algunos relatos sugieren que el objetivo de esta embajada habría sido exigir el regreso de Hesíone.

Independientemente de su objetivo real, la delegación es acogida con buena disposición en todas las ciudades aqueas. En Esparta, el nuevo rey Menelao los recibe lujosamente. Sin embargo, este debe acudir a Creta, al lecho de muerte de su abuelo. Paris se enamora de la reina Helena. Esta corresponde al joven y se enamora o, según otras fuentes, es secuestrada. Helena embarca a bordo de la flota que lleva a los troyanos de vuelta a Asia Menor. Allí es recibida por Príamo y en seguida se casa con Paris.

El rapto de Helena, cuadro de Guido Reni, 1626-1629.

Los troyanos consideran que el rapto de Helena responde a la voluntad de la diosa Afrodita, pero los aqueos, por su parte, respetan el juramento prestado ante Tindáreo y forman una coalición contra un enemigo externo común: el secuestrador de Helena.

Queda declarada la guerra de Troya.

BIOGRAFÍA DE LOS PRINCIPALES PROTAGONISTAS

LOS AQUEOS

Helena, reina de Esparta

Helena es la hija de Tindáreo, el rey de Esparta, y de Leda, su esposa. Sin embargo, varios relatos épicos le atribuyen una paternidad ilustre, la de Zeus. Esta joven, de belleza inigualable, ya habría sido raptada años atrás por Teseo, el rey de Atenas, y rescatada por sus hermanos, los gemelos Cástor y Pólux.

Su padre decide casarla con Menelao, a quien también le confía su trono: entonces, Helena se convierte en reina de Esparta. Secuestrada por Paris, ella se encuentra en la raíz de la epopeya más famosa de la Antigüedad, la de la guerra de Troya. Tras la caída de Troya y tras la muerte de su captor, es devuelta a su primer esposo. Menelao, que desea saciar su venganza por la humillación que ha sufrido, primero proyecta matarla, pero cae de nuevo bajo su embrujo y, finalmente, decide traerla de vuelta consigo. Este viaje de regreso cruzando el Mediterráneo durará ocho años.

Cuando Menelao muere, los espartanos expulsan a Helena. Entonces, se ve obligada a refugiarse en Rodas, donde se la considera responsable de la muerte del rey de la ciudad durante el asalto de Troya. Las sirvientas de la reina Polixo la asesinan mientras toma su baño. A continuación, su cuerpo se cuelga de un árbol y se expone a la justicia popular.

Helena, objeto de un culto en Esparta durante siglos, es la protagonista cuya belleza legendaria y pasmosa se describe en los relatos mitológicos que han llegado hasta nuestros días.

Menelao, rey de Esparta, esposo de Helena y hermano de Agamenón

Menelao es el hijo pequeño de Atreo, el rey de Micenas, y de su esposa, Aérope. Se cría junto a su hermano mayor Agamenón y su hermana Anaxibia y, durante su infancia, su primo Egisto lo obliga a exiliarse. Cuando se convierte en adulto, ayuda a su hermano a recuperar el trono de Micenas. A pesar de los numerosos pretendientes de Helena, es él quien obtiene de Tindáreo la mano de su hija y el trono de Esparta. De este matrimonio nacen dos hijos, Hermíone y Nicóstrato.

Retenido en Creta durante la embajada troyana en Esparta, no puede oponerse al secuestro de su esposa. Cuando se le informa de su infortunio, se dirige a casa de Agamenón para pedirle su apoyo y la ayuda de los aqueos que habían prestado juramento. A continuación, se coloca a la cabeza de una embajada junto a Ulises y va a Troya para exigir la vuelta de su mujer. Homero cuenta que, durante el asalto de la ciudad, Menelao divisa a Paris en el tumulto del combate y va a presentarle batalla. Este último se retira *in extremis*, y eso le salva la vida. Al no poder saciar su deseo de venganza, Menelao intensifica su ferocidad. Luchador aguerrido, es uno de los que se introducen en Troya con la famosa treta del caballo de madera. Allí vuelve a encontrarse con su esposa y la lleva de vuelta a Esparta, tras haber llenado de oro las bodegas de su nave. Termina sus días plácidamente en Esparta.

En los textos, se le describe como un bravucón impetuoso con una espesa melena rubia. Es considerado el griego más deshonorado, según Hipenor (guerrero griego), y al final acaba siendo un personaje secundario en la guerra de Troya.

Agamenón, rey de Micenas, hermano de Menelao

Agamenón es el hijo mayor de Atreo, el rey de Micenas. Se casa con Clitemnestra, la otra hija del rey de Esparta, con la que tendrá cuatro hijos: Crisótemis, Electra, Ifigenia y Orestes. Cuando muere su padre y tras el golpe de Estado de Egisto, Agamenón accede al trono de Micenas, que en ese momento es la ciudad más poderosa de Grecia. Tras el secuestro de Helena, es elegido por los aqueos para liderar la expedición contra Troya. Será el jefe del ejército durante toda la guerra.

Una vez que acaba el combate, regresa a Micenas, donde muere a manos de Egisto, que había seducido a su esposa. Píndaro (poeta griego, 518-438 a. C.) llega a afirmar que sería la propia Clitemnestra la que mata a su marido.

Aquiles, rey de los mirmidones

Aquiles es el hijo de Peleo, rey de los mirmidones, y de la diosa Tetis. Es un semidiós que se convierte en el auténtico héroe de la guerra de Troya. Es criado en Larisa por su madre y se le propone que escoja su destino: puede tener una vida corta, pero en la que alcance la gloria hasta el punto de que, incluso siglos después de su muerte, todavía se recordará su nombre; o, por el contrario, puede llevar una vida larga y apacible, pero totalmente anónima. Aquiles elige la gloria.

Durante mucho tiempo se mantiene al margen de la guerra de Troya, pero finalmente Ulises lo convence para que brinde su apoyo al ejército aqueo. Se encuentra a la cabeza de sus tropas de élite, los mirmidones, y con su presencia otorga una ventaja decisiva a los griegos hasta que se retira del combate, tras una discusión que lo enfrenta a Agamenón. La muerte de su amigo Patroclo lo empujará a volver al campo de batalla para vengarlo. Allí afronta a Héctor, el hijo de Príamo, a quien mata antes de convertirse él mismo en la víctima de una flecha fatídica que Paris envía y que lo alcanza en el talón.

pero las fuentes literarias se ponen de acuerdo para emplear el término «tobillo» o *talus*, cuya tradición épica lo convierte en talón.

Patroclo, amigo y primo de Aquiles

Patroclo, hijo de Menecio, es el amigo íntimo y también el primo de Aquiles, a quien acompaña a Troya y del que es a la vez escudero y mensajero. Debemos señalar que Homero es el único que omite las relaciones íntimas que unen muy estrechamente a Patroclo y a Aquiles.

Durante la guerra, cuando Aquiles se retira de la lucha en su tienda, Patroclo toma prestadas sus armas y dirige a los mirmidones hacia el campo de batalla. Allí muere a manos de Héctor en un combate individual, y su cadáver es llevado ante Aquiles. Este último, roto de dolor, retoma la contienda y venga a su amigo, matando a Héctor. Patroclo es incinerado en una gigantesca pira y se organizan juegos funerarios grandiosos en su honor.

Ulises, rey de Ítaca

Ulises, hijo de Laertes y Anticlea, es el rey de Ítaca y de algunas islas de alrededor. Se casa con Penélope, la hija de Icario y de Peribea. De esta unión nace un hijo, Telémaco.

Ulises está presente desde el inicio de la guerra de Troya. En el bando aqueo, se le considera un líder sabio y astuto. De hecho, es el encargado de todas las embajadas y las negociaciones, antes y durante la guerra. Se dice de él también que es el instigador de la treta del caballo de madera.

Además, es el héroe de la *Odisea*, la otra epopeya de Homero en la que este narra el largo periplo marítimo de Ulises por el mar Jónico, cuando regresa de la guerra de Troya. Durante esta errancia, conoce a la maga Circe y al cíclope Polifemo. Desaparece durante veinte años, por lo que es dado por muerto en Ítaca, donde su esposa, Penélope, hace esperar a todos los pretendientes al trono que desean casarse con ella. Tras haber prometido que elegiría a un nuevo marido en cuanto acabara su tapiz, pone esmero en deshacer cada noche el trabajo que ha realizado durante el día. Cuando Ulises llega a Ítaca, recupera su trono y a su familia. Según Homero, tiene una vida tranquila hasta su muerte.

LOS TROYANOS

Príamo, rey de Troya

Príamo, hijo de Laomedonte y de Estrimón, es el rey de Troya cuando estalla la guerra. Es el esposo de Hécuba y es padre de una cantidad enorme de hijos, entre los que se encuentran los príncipes Héctor y Paris. Homero lo describe como un rey sabio, justo y bueno. Envía a sus hijos en una embajada de paz a las ciudades griegas, entre ellas, Esparta. Durante la guerra, pierde a su hijo mayor, Héctor, asesinado a manos de Aquiles. Destrozado y deseando recuperar el cadáver de su hijo para rendirle los honores funerarios tradicionales, se dirige al campamento de los aqueos, sin importarle su propia vida, para suplicar a Aquiles que le devuelva el cuerpo de su hijo, y este último accede. Durante la toma de Troya, Neoptólemo, hijo de Aquiles, lo mata en su palacio.

Héctor, príncipe de Troya

Héctor es el hijo mayor del rey Príamo y el hermano del joven Paris. Es el general en jefe del ejército troyano y, en este sentido, es el homólogo de Agamenón, jefe del ejército griego.

Durante el asedio de Troya, mata a Patroclo, a quien confunde con Aquiles. Este último vuelve a la contienda y mata al príncipe para vengar a su amigo. Tras haber atado el cadáver de Héctor a su carro, Aquiles lo arrastra a los pies de la muralla de Troya para exhibirlo y, a continuación, lo lleva de vuelta al campamento aqueo, adonde llega Príamo para reclamarlo.

Es la imagen de la virtud y, tanto en toda la Antigüedad como en la literatura medieval, se habla de él como un príncipe valiente. Sin duda, su fama lo convierte en el auténtico héroe de la epopeya troyana, por delante incluso de Aquiles.

Paris, príncipe de Troya

Paris, cuyo verdadero nombre era Alejandro, es el hermano pequeño de Héctor. Cuando su madre Hécuba está a punto de dar a luz, le comunican un presagio funesto: ese hijo que está a punto de nacer provocará la destrucción de Troya. Príamo, aterrorizado, lo abandona en el monte Ida, donde lo recogen unos pastores que lo bautizan como Paris. Una vez que se hace adulto, se da a conocer y se convierte en príncipe de Troya. Debido a sus ganas de raptar a Helena, estalla la guerra. Durante el asedio de Troya, mata a Aquiles antes de morir él mismo bajo las flechas de Filoctetes.

Al contrario que su hermano, la leyenda lo describe de manera poco halagüeña, como un hombre mujeriego y cobarde.

LA GUERRA DE TROYA

LA COALICIÓN DE LOS AQUEOS

Tras el rapto de Helena, Menelao, rey de Esparta, se dirige a casa de su hermano Agamenón para pedirle ayuda. Al no disponer de las tropas necesarias para montar por su cuenta una expedición contra los troyanos, envía a su consejero Néstor a las ciudades griegas con el objetivo de recordarles el juramento que hicieron ante Tindáreo. Dado que Helena ha sido secuestrada, todos deben reunir a sus tropas y acudir en ayuda de su esposo, Menelao. Néstor recorre el Peloponeso, el Ática, las islas del mar Egeo y va incluso hasta Creta para ver al rey Idomeneo. Aunque es cierto que se solicitan todas las tropas griegas, Homero nos cuenta que hay dos reyes en particular a los que se quiere seducir: Ulises y Aquiles.

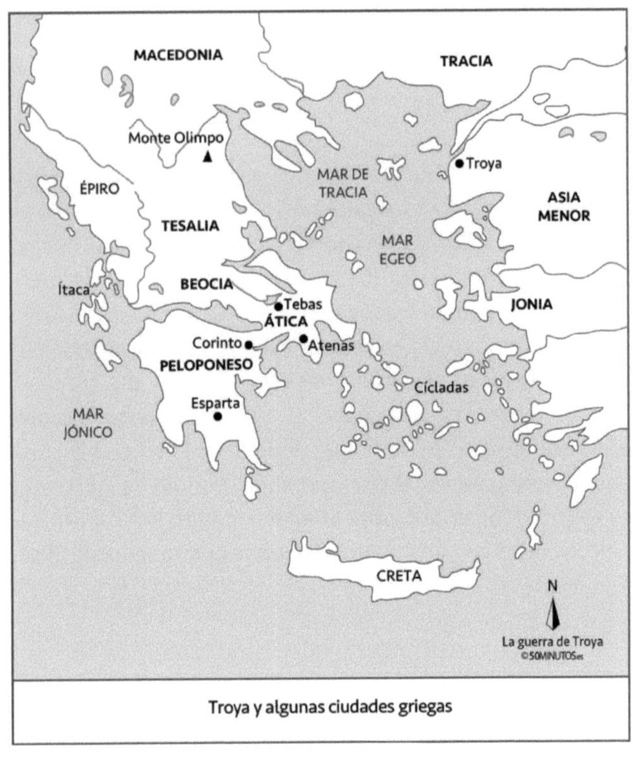

Troya y algunas ciudades griegas

El primero vive en un reino pequeño y próspero, compuesto por algunas islas bien gestionadas. No desea bajo ningún concepto participar en la guerra que se está preparando, pero prestó juramento ante Tindáreo, así que busca una artimaña para escapar al trato. Decide fingir que se ha vuelto loco haciendo como que labra un campo, unciendo juntos un buey y un caballo y sembrando abruptamente puñados de sal. Pero su amigo Palamedes no se deja engañar: sitúa a

Telémaco, el joven hijo de Ulises, delante de la yunta de animales. ¿El rey loco dejará que su hijo muera aplastado? ¡No! Ulises frena inmediatamente a las bestias: queda delatado y, por consiguiente, debe unirse a la coalición.

El adivino Calcas había predicho que Troya solo caería si se contaba con la ayuda de Aquiles. Por lo tanto, una vez que Néstor y Ulises se han sumado a la causa, visitan al rey de los mirmidones para convencerlo de que se una a ellos. Su madre, que no quería que participara en la guerra, lo había escondido junto a Licomedes, rey de Esciro, disfrazándolo de niña para que nadie lo encontrase. Pero gracias a una astucia de Ulises, queda desvelado su secreto. Tras las negociaciones, Aquiles se alía al bando aqueo con la condición de que los mirmidones, guerreros de élite que están bajo su mando, queden únicamente bajo su autoridad.

ESPARTA Y LOS ESPARTANOS

Durante las guerras médicas (siglo V a. C.) y la guerra del Peloponeso (431-404 a. C.), Esparta aparece como una potencia militar preponderante y temible, y así se mantiene hasta el final de la Antigüedad Clásica (510-323 a. C.), periodo en el que se niega a participar en la campaña de Alejandro Magno (rey de Macedonia, 356-323 a. C.).

Todo ciudadano puede unirse a los hoplitas si tiene entre 20 y 60 años, siempre que no ejerza otra actividad y que se dedique a ello por completo. Son soldados de infantería fuertemente armados con un escudo, una lanza y una espada corta. Son disciplinados y, en el terreno, son empleados para realizar maniobras tácticas complejas, que labran su fama a través de toda Grecia. Según Plutarco, «atemorizaban a sus adversarios que, incluso teniendo un número de tropas similar, no pensaban ser capaces de luchar de igual a igual»[1] (Plutarco 1985/2007). Desde su infancia, son criados siguiendo una disciplina estricta y reciben una educación reglada y específica, cuyo renombre ha llegado hasta nuestros días a través de los siglos y ha dejado su huella en el lenguaje común: «educación a la espartana» significa haber recibido una educación estricta, con un marco preciso y de tipo militar.

LAS DOS PRIMERAS EXPEDICIONES CONTRA TROYA

Según los *Cantos ciprios*, ciclo troyano atribuido a Estasino de Chipre (probablemente siglo VI a. C.), la flota que los aqueos reúnen durante los dos años que siguen al secuestro de Helena desembarca en Misia, al norte de Troya, cerca de la Propóntide (el actual mar de Mármara). Esta intrusión en Misia despierta las iras del rey Télefo, que les envía a sus propias tropas. Sin embargo, impresionado por el tamaño de la flota, termina rindiéndose rápidamente. No obstante, los aqueos han sufrido algunas pérdidas, por lo que vuelven hacia el oeste. La guerra queda interrumpida durante ocho años.

---

1. Cita traducida por 50Minutos.es

Tras este primer intento, los aqueos reúnen una segunda flota, esta vez en Áulide, en Beocia, cerca de Tebas. Pero la ira de los dioses impide que Agamenón pueda hacer avanzar sus naves. En ese momento, Calcas comunica su profecía: los dioses se opondrán a la expedición griega mientras Agamenón no haya sacrificado su bien más preciado: su hija Ifigenia. Se comete entonces el atroz sacrificio, aunque algunas versiones del mito cuentan que se evita en el último momento. Entonces, los navíos liberados se precipitan hacia Asia Menor. Esta segunda expedición lleva a los aqueos hasta la playa de Troya, donde se enfrentan a Cicno, rey de Colonas, con fama de invencible. Sin embargo, según la mayor parte de los textos, Aquiles lo mata estrangulándolo con la yugular de su casco.

El sacrificio de Ifigenia, pintura de Charles de La Fosse, 1680.

Aun así, las murallas de Troya son una defensa inexpugnable. Detrás de los muros, el ejército troyano se atrinchera prudentemente. Menelao y Ulises se dirigen a la ciudad como embajadores para reclamar a Helena, pero la vía diplomática fracasa. Aquiles decide entonces saquear las regiones de alrededor, reduciendo a cenizas las costas de Anatolia, que pagan un tributo a Troya.

LA CÓLERA DE AQUILES

Durante el asedio de Lirneso, el templo de Apolo sufre un saqueo y sus sacerdotisas son convertidas en esclavas: como parte del botín, Agamenón recibe a Criseida, mientras que Aquiles toma a Briseida, de quien se enamora. Agamenón, que se ve obligado por los dioses a devolver Criseida a su padre, coge entonces a Briseida. Aquiles, profundamente ofendido, monta en cólera. Se retira a su tienda de campaña y decide no volver a participar en la contienda junto a los aqueos bajo ningún concepto. Desde ese momento, cada vez que sale el ejército de Príamo, liderado por su hijo Héctor, los aqueos cosechan derrotas. Peor todavía: los griegos se ven repelidos hacia la playa y el ejército troyano está a punto de prender fuego a sus navíos. Entonces, Ulises intenta por última vez convencer a Aquiles para que retome las armas, ya que sus hombres son esenciales para apoyar a los aqueos desmoralizados.

Pero el regreso de Aquiles al campo de batalla se lo debemos a Patroclo. En efecto, el joven no puede esperar a luchar y se enfunda las armas de Aquiles, con o sin su acuerdo, según las fuentes, y entabla la batalla a la cabeza de los mirmidones. Los aqueos reconocen la armadura de Aquiles e, impresionados, vuelven al combate. Durante la batalla, Héctor, príncipe de Troya, cree reconocer a Aquiles y lo mata. Sin embargo, descubre rápidamente la verdad: no acaba de enfrentarse a Aquiles, sino a Patroclo. Entonces, el cadáver se lleva al campamento, ante Aquiles. Este, sediento de venganza, sale de su tienda y retoma las armas. Afronta a Héctor en un combate individual a los pies de la muralla de Troya. Tras una lucha encarnizada entre los dos campeones, Aquiles mata al príncipe troyano. Para saciar aún más su sed de venganza, ata los restos de Héctor a su carro y lo arrastra bajo las murallas de Troya. Cuando lo lleva al campamento aqueo, vuelve a arrastrarlo, esta vez alrededor del cadáver de Patroclo.

Los funerales de Patroclo, cuadro de Jacques-Louis David, 1779.

Los troyanos están horrorizados por el destino que se le ha reservado a su príncipe y los dioses se muestran ofendidos por el hecho de que un cadáver sea maltratado de esta manera, en contra de todas las costumbres griegas. Príamo, rey de Troya, se dirige poco después al campamento enemigo para suplicar que le devuelvan el cuerpo de su hijo. Este episodio es el más emotivo de todos los relatos troyanos. Aquiles accede al lamento doloroso del anciano desolado: así, el cuerpo de Héctor vuelve a Troya.

EL CABALLO DE TROYA

En este punto, el conflicto se encuentra estancado, ya que ninguno de los bandos dispone de las tropas necesarias para ganar. De nuevo, es Ulises quien, mediante una astucia sutil, provoca un vuelco de la situación a favor de su bando, aunque quizás fuera Atenea quien le infundió la idea.

Los aqueos construyen un gran caballo de madera, completamente hueco, y lo dejan en la playa. A continuación, queman los restos de su campamento y embarcan en sus naves, fingiendo batirse en retirada. En realidad, esconden su flota un poco más lejos, cerca de la isla de Ténedos, y esperan el momento oportuno para reaparecer.

Los troyanos se muestran exultantes, ya que piensan que sus altas murallas han vuelto a defenderlos de sus enemigos. Pero, cuando se acercan a la orilla, descubren un enorme caballo de madera y se quedan perplejos. ¿Por qué los aqueos lo han construido? ¿Por qué lo han abandonado? Algunos piensan que se trata de una ofrenda al dios Poseidón, destinada a garantizarles un viaje de vuelta tranquilo sobre las aguas del mar Egeo. Otros creen que se trata más bien de un presente para Atenea. Y varios optan por desconfiar: Laocoonte, otro de los hijos del rey Príamo, aconseja a los troyanos: «temo a los griegos, incluso si traen regalos» (Castillo 2014, 116). Después de todo, ¿no se tratará de un regalo envenenado? Pero a pesar de las opiniones en desacuerdo, los troyanos aceptan el presente y deciden llevarlo al templo de Atenea, situado dentro de la urbe. Sin embargo, este caballo es inmenso y deben dañar las murallas para ubicarlo dentro. En varios momentos, escuchan ruidos que provienen del interior del objeto, pero no les dan importancia.

La procesión del caballo de Troya, cuadro de Giovanni Domenico Tiepolo, 1773.

Cuando cae la noche, la artimaña muestra su eficacia. En efecto, en el interior del caballo se han escondido guerreros aqueos, entre los que se encuentran Ulises, Menelao y Neoptólemo, el hijo de Aquiles. Han logrado penetrar en la ciudad y, con la señal, salen del caballo, se diseminan por la urbe y abren sus pesadas puertas. Entonces, los aqueos, agazapados en el exterior, pueden entrar en Troya.

EL FIN DE TROYA

En ese momento, Troya es saqueada y destruida. En cada rincón se producen combates y los aqueos lo incendian todo a su paso. Neoptólemo asesina al rey Príamo en su palacio, cerca del altar de Zeus, y a Astianacte, hijo de Héctor, antes de apoderarse de Andrómaca, convertida en esclava rápidamente. La adivina Casandra, hija de Príamo, se refugia en el templo de Atenea y se agarra a la estatua de la diosa para salvarse. Áyax la arrastra fuera del templo y la viola. Agamenón, que se enamora de ella, le perdona la vida y se la llevará con él a Micenas. Para acabar, Menelao mata a Deífobo, uno de los hijos de Príamo, y recupera a Helena.

Planea una amenaza sobre Aquiles. ¿Su madre no había predicho que no volvería vivo de esta expedición? ¿Acaso no se le ha aparecido en sueños Janto, su caballo, para revelarle que moriría a manos de un dios? Finalmente, es Paris, con ayuda de Apolo, quien envía una flecha al talón o al muslo de Aquiles y lo mata. Sin embargo, según otra fuente, es Políxena, la hija de Príamo, quien habría provocado la muerte de Aquiles: este se habría enamorado de ella y, al ir a negociar su mano ante Príamo, cae en una emboscada en la que Príamo lanza la flecha mortal.

La muerte de Aquiles, cuadro de Rubens, 1600.

Tras el saqueo de la ciudad, Agamenón y Menelao discuten: el primero desea llevar a cabo un sacrificio a los dioses, mientras que el segundo quiere regresar a casa sin perder tiempo. Finalmente, Menelao parte rápidamente, con prisas por llevar a Helena de vuelta a Esparta. La lentitud de su regreso a Grecia, que dura ocho años, es un castigo de los dioses por no haberles rendido un homenaje tras la victoria.

REPERCUSIONES

NACIMIENTO DE UN NUEVO MITO

No solo nace un culto a Aquiles tras la guerra de Troya. El poeta latino Virgilio (70-19 a. C.) se basa en la leyenda troyana y perpetúa la imagen de sus héroes, y así cuenta en su *Eneida* las aventuras de un joven troyano, Eneas, que también alcanzará una gran fama. Este, hijo de Anquises y de Creúsa, la hija de Príamo, pertenece a la familia real troyana, por lo que participa fervientemente en la defensa de la ciudad y lucha con valentía tras la muerte de Héctor.

Durante el asalto a la ciudad, huye llevando de la mano a su hijo Ascanio y portando sobre su espalda a su padre. Primero, la reina Dido lo recibe en Cartago y, después, el rey Latino hace lo propio en el Lacio (centro de la Italia actual) y le da en matrimonio a su hija Lavinia. Rómulo y Remo, los fundadores de Roma, serían sus descendientes directos. Por su parte, Ascanio construye la urbe de Alba, cerca de Roma.

Así, los romanos basan el origen ilustre de su propia civilización en el crisol del mito troyano al reconocer a Eneas como su padre fundador. Aún mejor, Julio César (100/101-44 a. C.) respaldará su llegada al poder reivindicando que su familia, los Julii o Iulii, proviene de la descendencia mítica de Ascanio, también llamado Julo.

HISTORIOGRAFÍA

Las fuentes que nos cuentan la guerra de Troya son infinitas, pero de calidad y de épocas muy distintas. De todas ellas, la *Ilíada* y la *Odisea* de Homero siguen siendo los relatos más antiguos, aun cuando son cuatro siglos posteriores a los acontecimientos que relatan. No obstante, ninguna fuente nos cuenta la guerra desde el inicio hasta el final.

El conjunto de epopeyas que describen los hechos que se producen en Troya se agrupa normalmente bajo el nombre de «ciclo troyano». Sin embargo, no forma un todo homogéneo, ya que son comunes las contradicciones. El ciclo se completa con relatos más tardíos, como *La biblioteca* de Apolodoro o Pseudo-Apolodoro en el siglo II a. C., las *Fábulas*, de Higino, y la *Eneida*, de Virgilio, en el siglo I de nuestra era. Para acabar, durante la Antigüedad Tardía y a lo largo de toda la Edad Media, algunos relatos épicos, como *La toma de Ilión*, de Trifiodoro (siglo IV) o el *Poema de Troya*, de Benoît de Sainte-Maure (*c.* 1165) vienen a reforzar una tradición que delimita de manera definitiva los acontecimientos de la guerra de Troya tal y como los conocemos hoy en día.

TROYA Y LA VERDAD ARQUEOLÓGICA

Las huellas que ha sacado a la luz la arqueología y los trabajos que primero llevó a cabo Heinrich Schliemann (arqueólogo alemán, 1822-1890) en 1871 y, luego, Ernst Pernicka (científico austríaco, nacido en 1950) desde 2005, nos permiten afirmar que al menos nueve ciudades antiguas se han superpuesto sobre el lugar en el que supuestamente se ubica Troya, situado al sur del estrecho de los Dardanelos, en la actual Turquía. Se acredita la existencia de una población en este emplazamiento ya desde principios del segundo milenio a. C. Las llanuras cerealistas de los alrededores y la cría de caballos la convierten en una ciudad próspera, mercantil y atractiva.

Hacia 1275 a. C., la ciudad queda destruida tras un terremoto, pero en seguida se reconstruye. Se observan rastros en el lugar que permiten determinar que la última fase de habitación está fechada entre 1230 y 1180 a. C., antes de que el emplazamiento quede completamente abandonado. Por lo tanto, la arqueología confirma los relatos de la Antigüedad, que describían Troya como una ciudad poderosa, que poseía un recinto defensivo importante. El destino de esta ciudad ha llegado a nosotros atravesando los siglos, transformado y transfigurado desde el prisma de las leyendas épicas.

EN RESUMEN

- La guerra de Troya, que opone a aqueos y a troyanos durante diez años, es un mito narrado por numerosas epopeyas. Entre ellas, destaca la *Ilíada*, de Homero, que se ha convertido en la referencia.
- El conflicto estalla cuando Paris, de visita en Esparta, rapta a Helena, casada con Menelao.
- El rey de Esparta, sediento de venganza por la afrenta sufrida, recuerda a todos los soberanos de las urbes griegas el juramento que han prestado ante Tindáreo. En efecto, este pacto los obliga a acudir en ayuda del esposo de Helena si esta fuera raptada. Entonces, bajo el estandarte de Agamenón, rey de Micenas y hermano de Menelao, se agrupa a todas las fuerzas aqueas en una flota considerable.
- Los aqueos efectúan dos expediciones contra Troya. Aquiles, temido guerrero y semidiós invencible, es la clave que brinda el triunfo a los griegos. Tras haberse retirado del combate, vuelve al campo de batalla para vengar la muerte de su amigo Patroclo y mata a Héctor, príncipe de Troya y jefe del ejército troyano.
- Sin embargo, las murallas de la ciudad siguen protegiendo a los troyanos. Entonces, Ulises tiene una idea: construyen un caballo de madera en el que se esconden los guerreros aqueos. A continuación, se introduce el caballo en la ciudad. Con esta astucia, Troya es tomada y saqueada.
- Durante los combates, Príamo es asesinado y su descendencia es exterminada. Aquiles recibe una flecha mortal

en el talón, disparada por Paris. El joven Eneas huye y
se lleva con él la esperanza de ver renacer Troya en otra
parte. Se instala en el reino del Lacio y, en esta región,
sus descendientes Rómulo y Remo fundarán la poderosa
Roma.

PARA IR MÁS ALLÁ

FUENTES BIBLIOGRÁFICAS

- Apolodoro. 2003. *La Bibliothèque*. Traducido por Paul Schubert. Neuchâtel: Éditions L'Aire.
- Homero. 2013. *L'Iliade*. Traducido por Jean-Louis Backès. París: Gallimard.
- Homero. 1943. *L'Odysée*. Traducido por Mario Meunier. París: Union latine d'éditions.
- Mossé, Claude. 1987. "La Guerre de Troie a-t-elle eu lieu?". *L'Histoire*, n.°104.
- Vernant, Jean-Pierre. 1999. *L'Univers, les dieux, les hommes. Récits grecs des origines*. París: Seuil.
- Virgilio. 2002. *L'Énéide*. Traducido por Jacques Perret. París: Les Belles Lettres.

FUENTES COMPLEMENTARIAS

- Castillo, Ricardo Reyes. 2014. *Cartas entre cielo y tierra*. Traducido por Ana María Reyes Castillo. Madrid: Voz de Papel.
- Plutarco. 1985/2007. *Vidas paralelas*. Obras completas. Madrid: Editorial Gredos.

FUENTES ICONOGRÁFICAS

- *El juicio de Paris*, cuadro de Rubens, 1632-1635.
- *El rapto de Helena*, cuadro de Guido Reni, 1626-1629.
- *El sacrificio de Ifigenia*, cuadro de Charles de La Fosse, 1680.

- *Los funerales de Patroclo*, cuadro de Jacques-Louis David, 1779.
- *La procesión del caballo de Troya*, cuadro de Giovanni Domenico Tiepolo, 1773.
- *La muerte de Aquiles*, cuadro de Rubens, 1600.

LITERATURA

- Eurípides. 415 a. C. *Las Troyanas*. Tragedia.
- Eurípides. 412 a. C. *Helena*. Tragedia.
- Eurípides. 406 a. C. *Ifigenia en Áulide*. Tragedia.
- Garnier, Robert. 1579. *La Troade*. Tragedia.
- Racine, Jean. 1667. *Andrómaca*. Tragedia.
- Racine, Jean. 1674. *Ifigenia*. Tragedia.
- Giraudoux, Jean. 1935. *La guerra de Troya no tendrá lugar*.

ADAPTACIONES

- *Helena de Troya*. Dirigida por Robert Wise, con Rossana Podesta y Robert Douglas. Estados Unidos e Italia: 1955.
- *Troya*. Dirigida por Wolfgang Petersen, con Brad Pitt, Diane Kruger y Orlando Bloom. Estados Unidos: 2004.

¡APRENDER NUNCA ANTES FUE TAN RÁPIDO!

www.en50minutos.es